PowerPoint dévoilé

(La méthode Ockham)

DU MÊME AUTEUR

Excel dévoilé,
BOD, Nov. 2020
Word dévoilé,
BOD, Mars 2021

Pascal Gauthier

PowerPoint dévoilé

Édition : BoD – Books on Demand,
12/14 rond-point des Champs-Élysées, 75008 Paris
Impression : BoD - Books on Demand, Norderstedt, Allemagne

ISBN : 978-2-3222-5173-5
Dépôt légal : Mai 2021

1 Avant-propos

Le métier de formateur est très certainement, avec tous ceux liés à l'apprentissage, le plus gratifiant, mais également celui où les phrases toutes faites, les a priori, les on-dit, les légendes urbaines sont les plus fréquents.
Pour être bon sur PowerPoint, il faut être bon en Design.
Si tu ne pratiques pas, tu ne retiens pas.
C'est quand même plus facile pour les jeunes.

Je pourrais vous en citer encore de nombreuses du même genre.
Plus que ces idées reçues, ce sont les demandes de mes stagiaires qui m'ont motivé à écrire ce livre.

Pour élaborer ma méthode d'enseignement, j'ai allié deux passions : le développement informatique et la philosophie.
La première m'a permis de comprendre comment les logiciels de bureautique marchent, et la seconde, comment les apprenants fonctionnent.

Fonctionnement de la bureautique
La bureautique est souvent comparée à une boîte à outils ; ce n'est pas exactement le cas.
Si nous souhaitons rester sur le langage du bâtiment : il y a l'outil, l'ouvrier et le maître d'œuvre.
Excel, **Word** et **PowerPoint** sont à la fois les outils et les ouvriers, l'utilisateur n'est que le maître d'œuvre.

Fonctionnement du stagiaire

Pour comprendre la manière de penser des stagiaires, j'ai fait mienne la devise de Guillaume d'Ockham[1] : « Pluralitas non est ponenda sine necessitate » (*les multiples ne doivent pas être utilisés sans nécessité*). Dans le langage courant, nous appelons cela la légende du rasoir d'Ockham et nous le formulons par : **Pourquoi faire compliqué quand on peut faire simple ?**

Et le drame, c'est que l'être humain normalement constitué, et encore plus lorsqu'il est sous pression, a fait sienne cette doctrine, mais dans l'autre sens : **Pourquoi faire simple quand on peut faire compliqué ?**

Afin de vous ramener sur le bon chemin, celui de la **simplicité**, j'ai élaboré une approche d'utilisation des logiciels de bureautique que j'ai baptisée, tout naturellement, la **méthode Ockham**.

Pour cela, il va falloir oublier beaucoup de nos mauvaises habitudes, réapprendre les essentiels (Sélections, Pointeurs…). Et finalement, nous pourrons mieux appréhender tous les processus de fabrication (Courriers, Rapports, Publipostage…) tels de solides maîtres d'œuvre.

---

[1] Philosophe et théologien du XIVe siècle

2 Utilisation du livre (Processus)

2.1 Introduction

Ce livre est présenté comme un Manuel d'Assurance Qualité[2], c'est-à-dire que toutes les étapes d'usage du logiciel sont rangées et référencées afin de les retrouver rapidement.

Le schéma d'utilisation est basé sur cette pyramide.

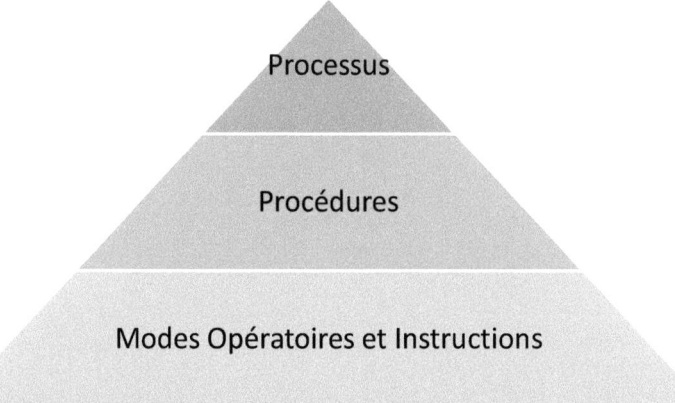

Processus : représente l'utilisation de PowerPoint de façon globale (*cf. Chapitre 2.2*).

Procédures : représentent le déroulé de chacune des étapes du Processus (*cf. Chapitre 3*).

Modes Opératoires et **Instructions** : représentent la manière de faire chaque déroulé des procédures (*cf. Chapitre 4*).

Afin de mettre en pratique les différentes procédures, modes opératoires et instructions, un chapitre est consacré à la manipulation (*cf. Chapitre 5*).

---

[2] Document énonçant la politique qualité et décrivant l'ensemble des procédures et autres composants organisationnels du système qualité d'un organisme.

2.2   Le Processus PowerPoint

PowerPoint est un logiciel de type **PAO (Présentation Assistée par Ordinateur)**, l'idée est la construction d'un contenu, afin d'en réaliser une **présentation**, un **diaporama**. Le schéma du processus général proposé ci-dessous doit nous permettre d'aller directement à la bonne procédure (ex. : PRD202 Choisir les dispositions). Pour autant, le travail sur ce type de logiciel se fait beaucoup en amont, c'est pourquoi nous avons consacré une annexe spécifique sur ce sujet.

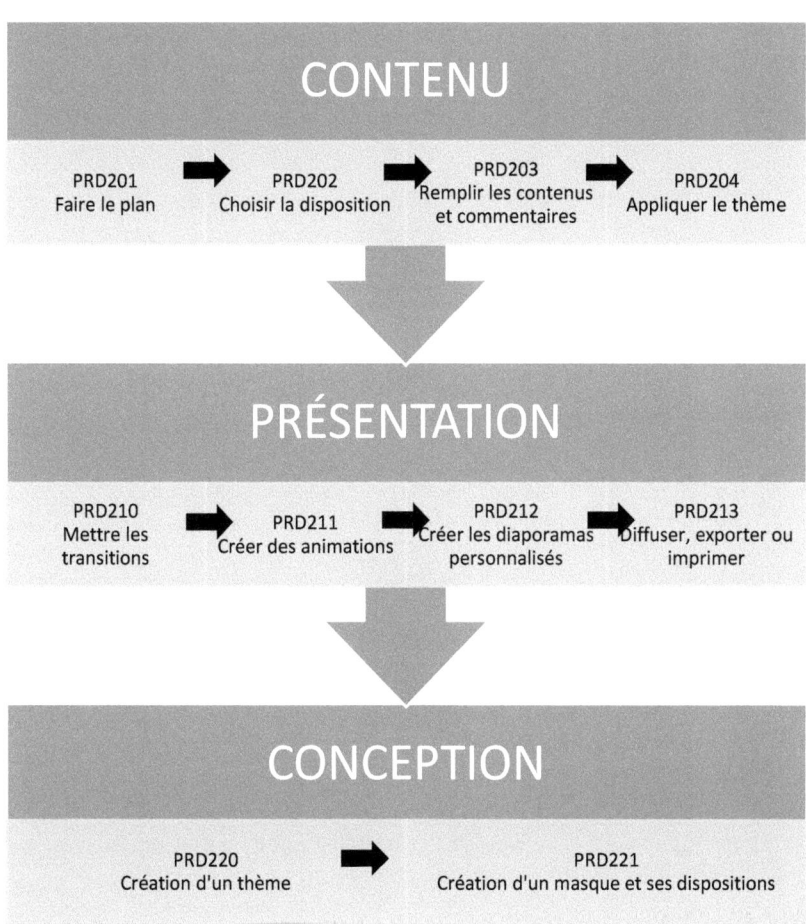

CONTENU

PRD201
Faire le plan

PRD202
Choisir la disposition

PRD203
Remplir les contenus
et commentaires

PRD204
Appliquer le thème

PRÉSENTATION

PRD210
Mettre les
transitions

PRD211
Créer des animations

PRD212
Créer les diaporamas
personnalisés

PRD213
Diffuser, exporter ou
imprimer

CONCEPTION

PRD220
Création d'un thème

PRD221
Création d'un masque et ses dispositions

3   Les Procédures

3.1 Introduction

Nous avons vu au chapitre précédent l'ensemble du processus d'utilisation de PowerPoint dans lequel était présentée chacune des procédures expliquées dans ce chapitre.

Ici, les schémas proposés sont un ensemble d'étapes à suivre pour obtenir le résultat optimum. Dès que l'étape est représentée comme cet exemple, il s'agit d'un mode opératoire, et l'avantage des logiciels de Microsoft, c'est qu'il n'en existe qu'un, utilisable pour n'importe quelle action (*cf. chapitre 4*). Il pourra également s'agir d'une instruction qui sera aussi décrite dans le même chapitre.

> Faire la
> ***numérotation***

Afin d'être à même de comprendre tous les termes employés, les mots qui apparaîtront ***en italique et en gras*** feront l'objet d'une définition dans le Glossaire (*cf. Chapitre 6*).

3.2 PRD201 : Faire le plan

Il est essentiel d'avoir au préalable préparé le *plan* de sa présentation sur 2 *niveaux* maximum (*cf. annexe 7.2.1*).

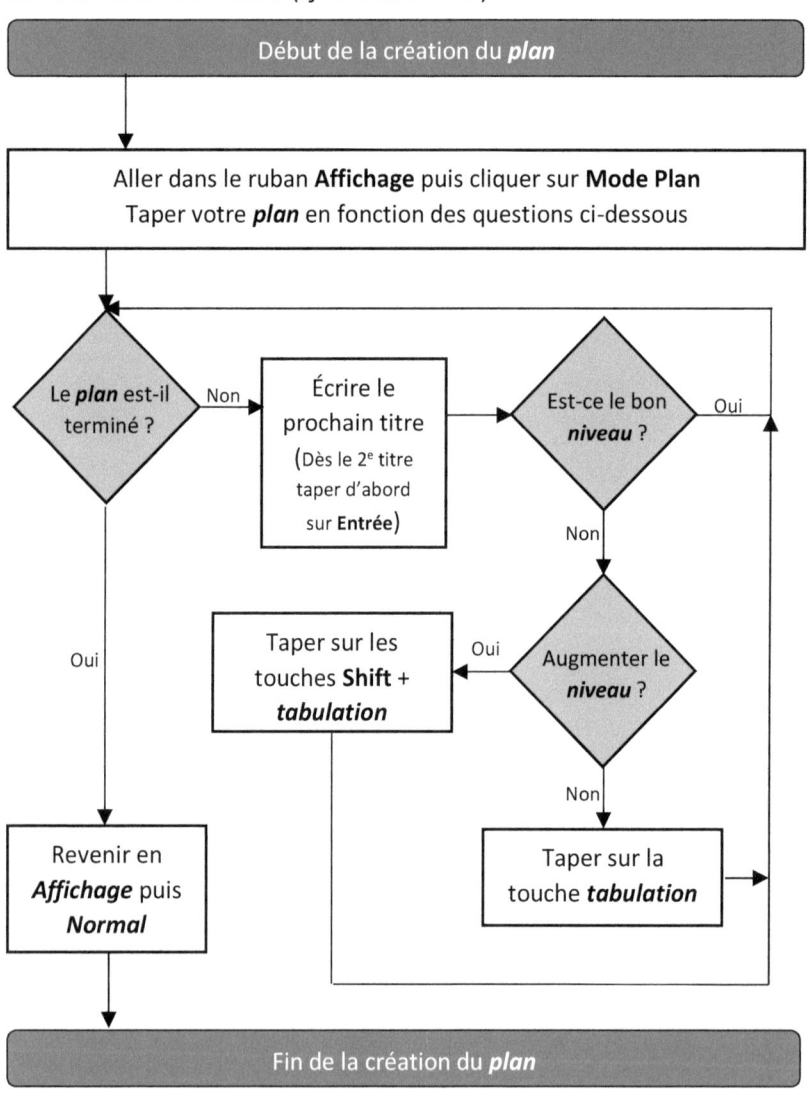

3.3 PRD202 : Choisir la disposition

Il est essentiel d'avoir au préalable préparé le **plan** et les illustrations (**contenus**) prévues pour chaque diapositive (*cf. annexe 7.2.1*).

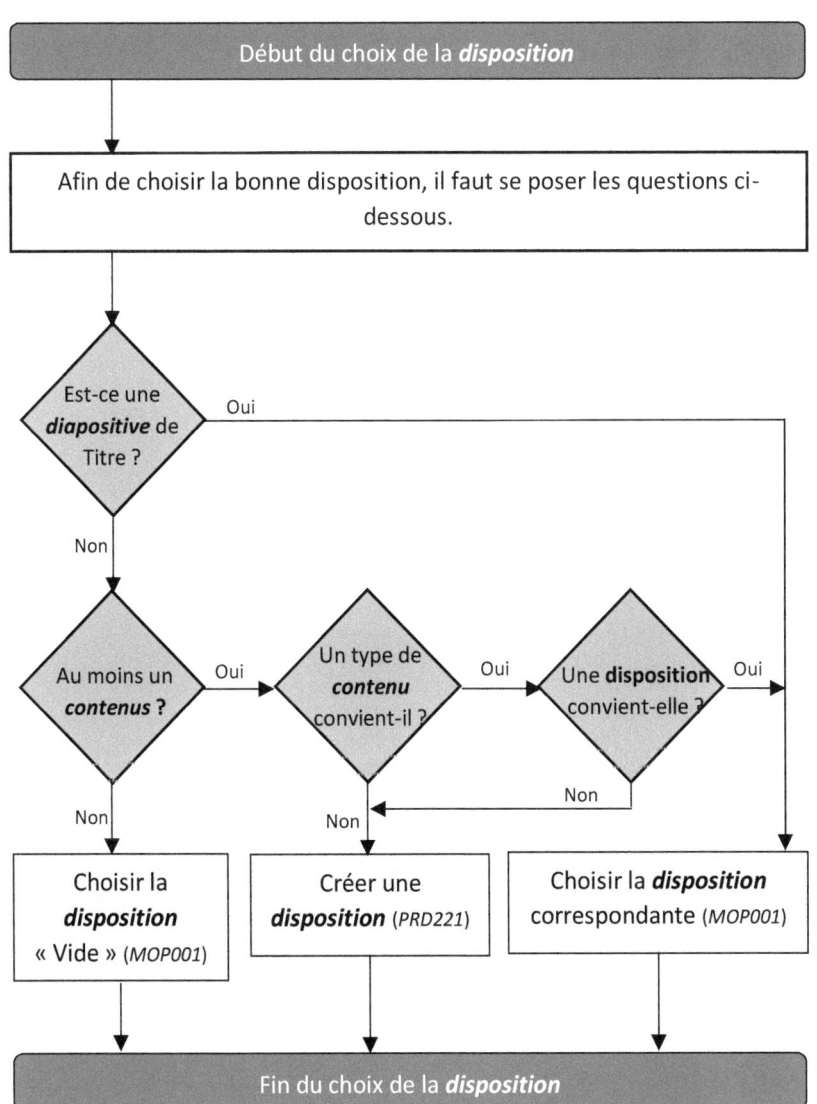

3.4 PRD203 : Remplir les contenus et les commentaires

Il est important pour conserver l'harmonie de la **présentation** de rester sur les **styles** proposés pour la mise en forme.

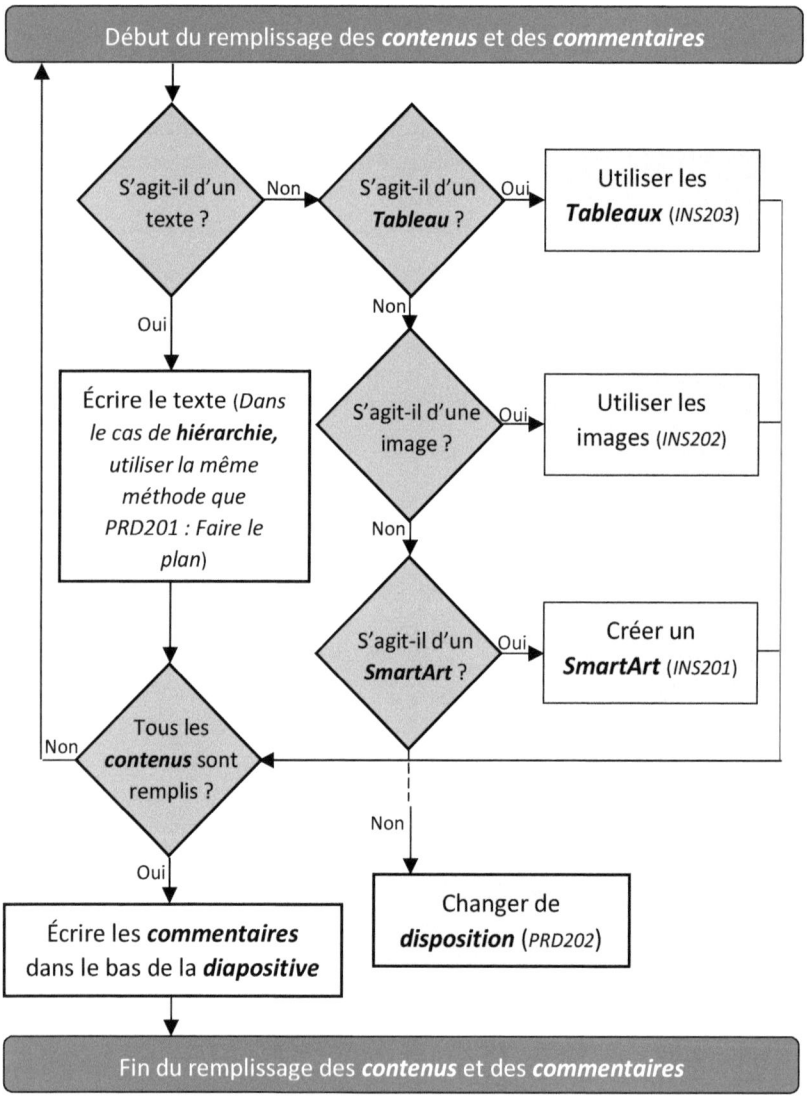

3.5 PRD204 : Appliquer le thème

Cette étape consiste à venir mettre toute la mise en forme sur la **présentation**. Cette procédure peut-être réalisée dès le début de la création de la **présentation** si le **thème** est existant.

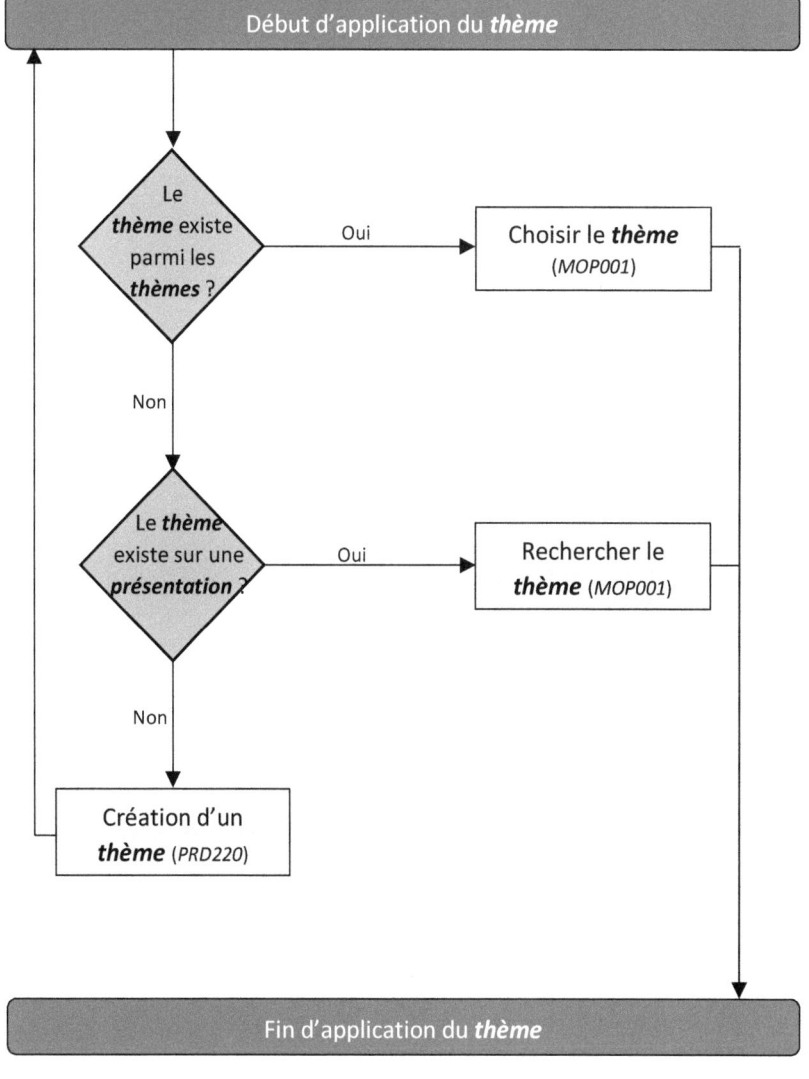

PRD210 : Mettre les transitions

Cette étape permet de définir l'animation pour illustrer le passage d'une **diapositive** à la suivante.

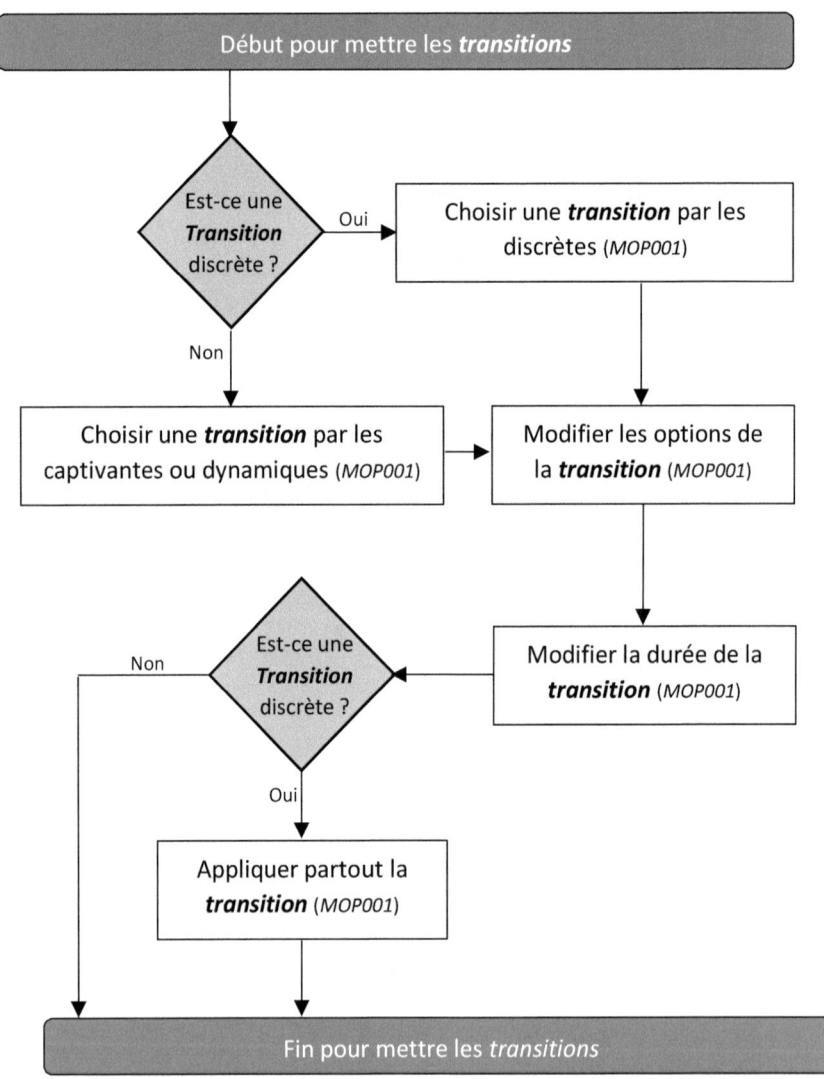

3.6   PRD211 : Créer des animations

Il faut toujours garder en tête que le but premier de *l'animation* des objets est d'orienter le regard des visionneurs sur une partie précise de la *diapositive*. Il est également essentiel d'avoir préparé en amont l'enchaînement des *animations*.

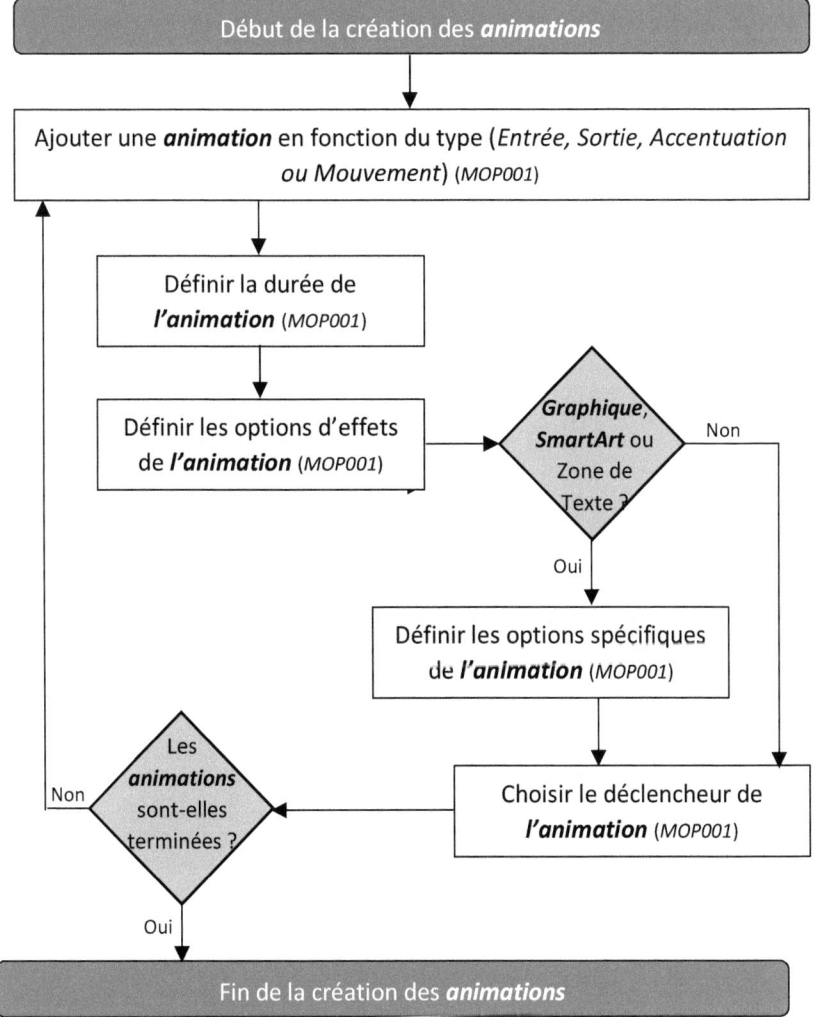

PRD212 : Créer les diaporamas personnalisés

Cette étape permet la création d'un ou plusieurs **diaporamas**.

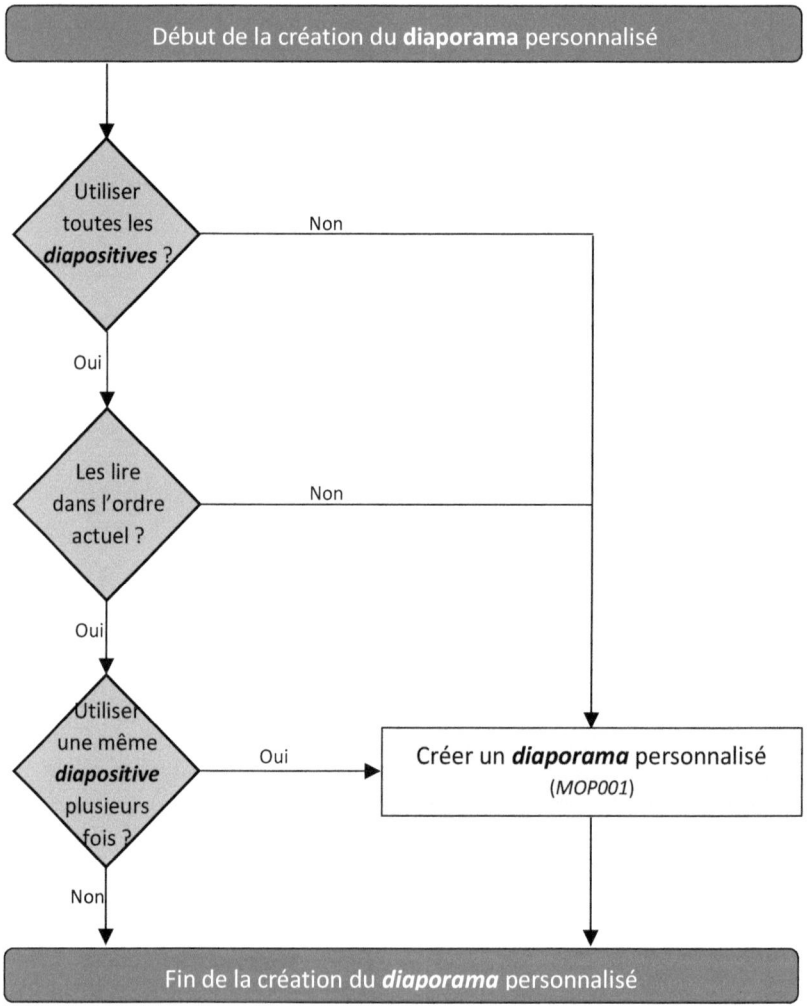

3.7 PRD213 : Diffuser, exporter ou imprimer

Une fois la présentation terminée, nous avons la possibilité de la diffuser (*diaporama*), de l'exporter ou de l'imprimer.

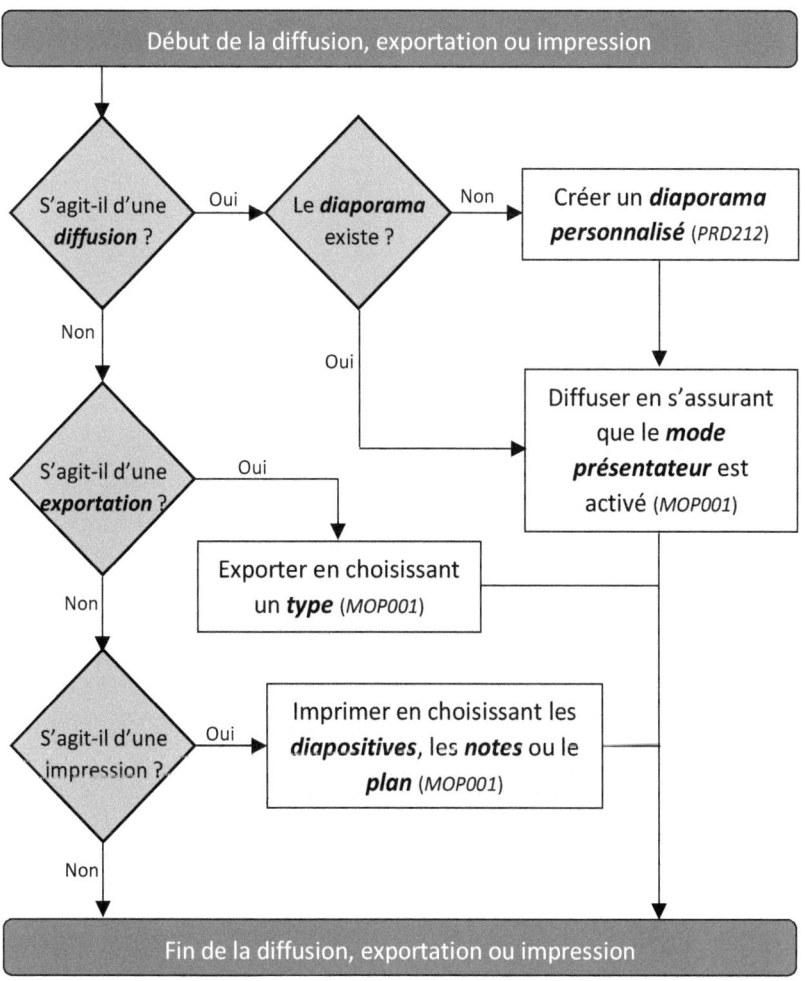

3.8   PRD220 : Création d'un thème

Cette étape permet la création d'un nouveau **thème**.

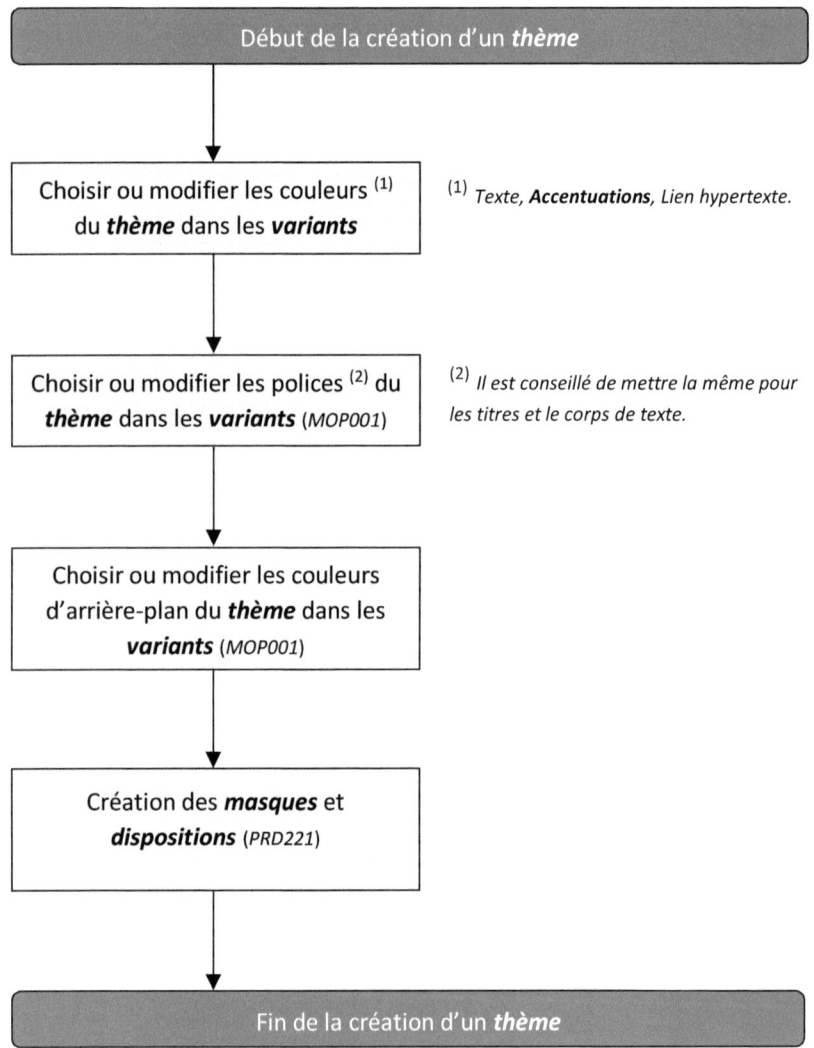

Début de la création d'un *thème*

Choisir ou modifier les couleurs [1] du ***thème*** dans les ***variants***

[1] *Texte, **Accentuations**, Lien hypertexte.*

Choisir ou modifier les polices [2] du ***thème*** dans les ***variants*** (MOP001)

[2] *Il est conseillé de mettre la même pour les titres et le corps de texte.*

Choisir ou modifier les couleurs d'arrière-plan du ***thème*** dans les ***variants*** (MOP001)

Création des ***masques*** et ***dispositions*** (PRD221)

Fin de la création d'un *thème*

3.9 PRD221 : Création d'un masque et ses dispositions

Cette étape permet la création d'un **masque** et des **dispositions** qui y sont associées.

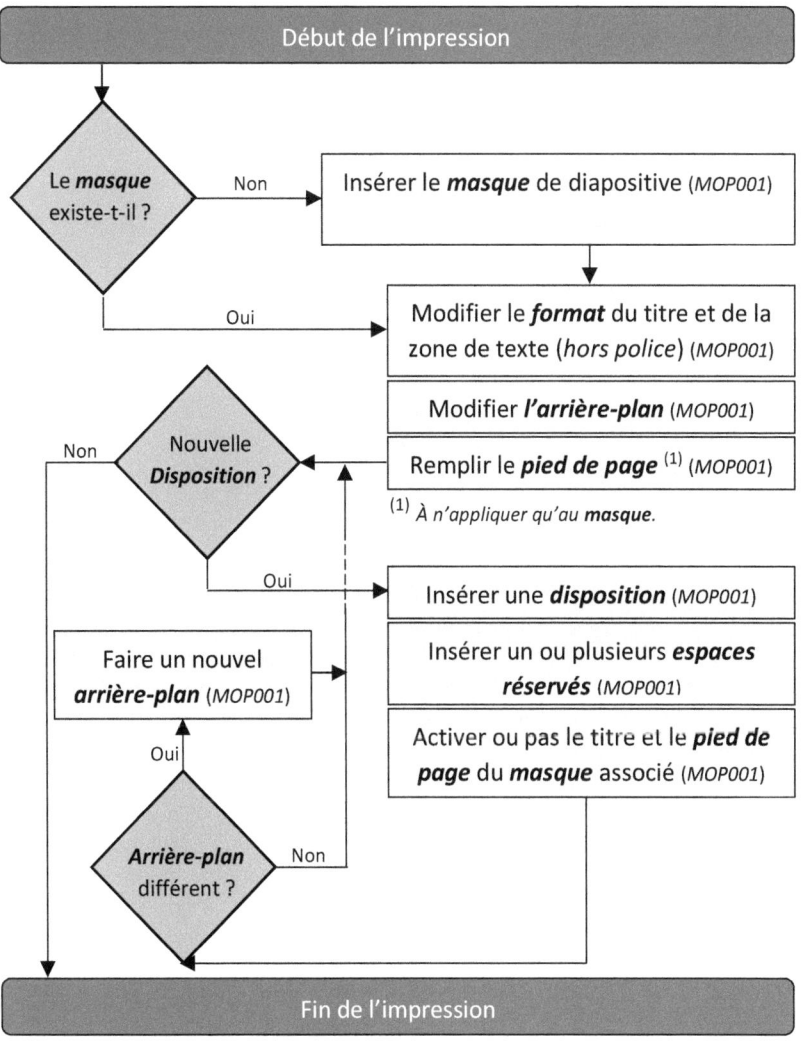

4 Le mode opératoire et les Instructions

4.1 Introduction

Le mode opératoire décrit la manière de faire les différentes étapes. Et l'avantage de la *méthode Ockham,* c'est qu'il n'existe qu'un mode opératoire en bureautique, aussi bien pour les étapes des procédures décrites au chapitre précédent, que celles de personnalisations, non présentées (puisque personnelles).

Les instructions montrent les phases conseillées pour une action précise.

4.2 Mode opératoire (MOP001)

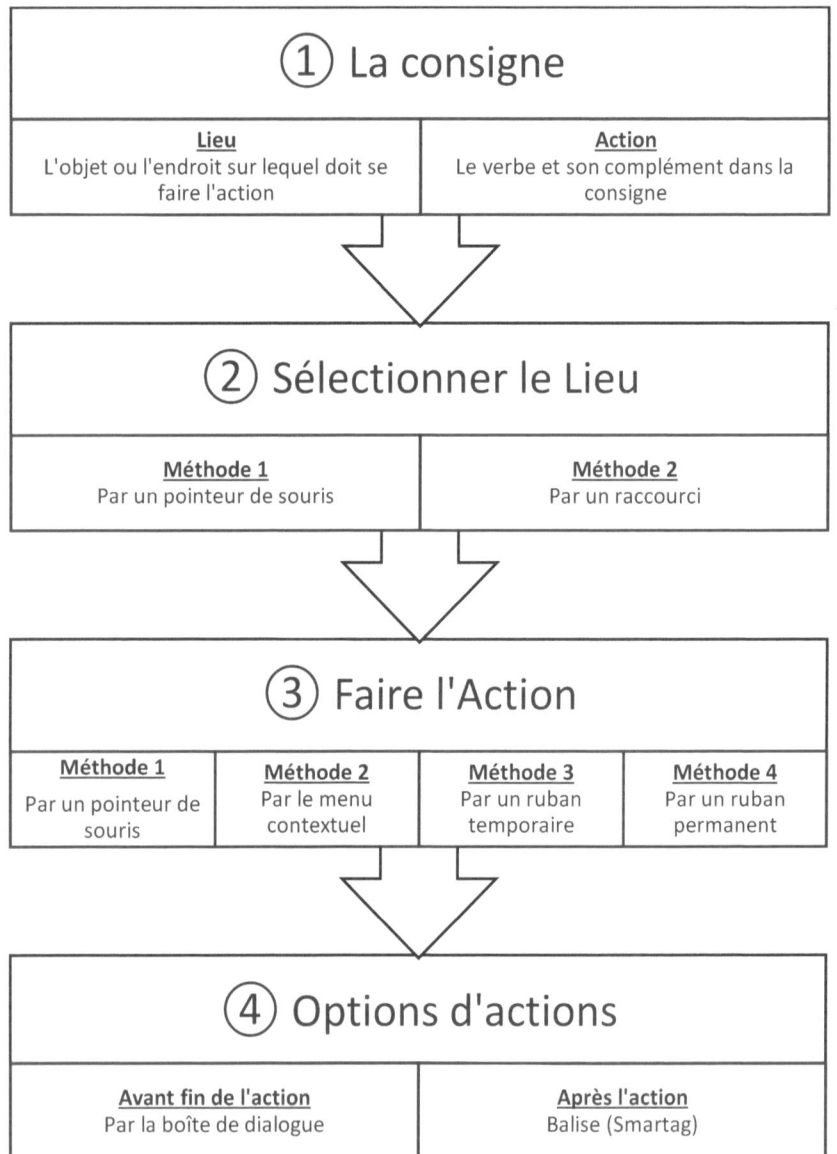

4.2.1 La consigne

L'idée de base est très simple : **faire ce que nous disons**.

Pour illustrer le propos, utilisons la métaphore du *bricoleur* : « Vous êtes le roi du tournevis, vous savez visser et dévisser n'importe quoi avec une grande facilité. Et maintenant, on vous demande de planter un clou dans ce mur. La bonne consigne est : *planter un clou dans ce mur*. Malheureusement, la consigne se transforme au moment de la réaliser et devient : *Planter un clou AVEC MON TOURNEVIS dans ce mur*. »

Voici les deux raisons pour lesquelles la consigne a été reformulée :

- Cela nous rassure d'utiliser un outil que nous maîtrisons, même s'il n'est pas fait pour ce qui est demandé.
- Nous partons du principe, inconsciemment, que l'action demandée dans la consigne n'existe pas, puisque je ne l'ai jamais fait.

4.2.2 Sélectionner le Lieu

Rappel

Sélection contiguë et **discontiguë**

Contiguë se dit lorsque les objets sélectionnés se touchent.

Discontiguë se dit lorsque les objets sélectionnés ne se touchent pas et se pratique en maintenant la touche **Ctrl** enfoncée.

4.2.2.1 Méthode 1 : Par un pointeur de souris

Il s'agit du curseur qui permet de repérer la souris sur l'écran. Celui visible le plus souvent sur PowerPoint étant ↳

Pointeur	Lieu	Clic gauche	Clic gauche+ mouvement	Double-clic gauche
I	Dans une **Zone de texte**	Rien	Sélection de caractères	Sélection du mot *
⤯	Objets	Rien	Déplace l'objet	Rien
⇖	Diapositive	Rien	Sélection des objets entourés	Rien
⬈	Devant une ligne	Sélection de la ligne	Sélection de plusieurs lignes	Rien
⬇	Dessus du titre de **Tableau**	Sélection de la colonne	Sélection de plusieurs colonnes	Rien
⬈	Gauche cellule de **Tableau**	Sélection de la **cellule**	Sélection de plusieurs **cellules**	Sélection de la ligne de **Tableau**

* Il existe un triple-clic gauche qui permet de sélectionner le **paragraphe**

4.2.2.2 Méthode 2 : Par un raccourci

Le principe des sélections par raccourci est de ne jamais se préoccuper de la taille de la sélection. Il n'en existe qu'un seul, celui de la phrase complète, les autres étant des actions sur curseurs (*cf. 4.2.2.1*).

Phrase complète : Se positionner n'importe où dans la phrase, puis Ctrl + clic gauche

4.2.3 Faire l'Action

4.2.3.1 Méthode 1 : par un pointeur de souris

Pointeur	Lieu	Clic gauche	Clic gauche+ mouvement	Double-clic gauche
Il n'existe pas de pointeur de souris avec action pour le moment sur PowerPoint				

4.2.3.2 Méthode 2 : Par le menu contextuel

Il s'agit du menu qui apparaît lorsque nous faisons clic droit. Il se nomme ainsi parce que les actions qu'il propose sont en fonction du contexte — de l'endroit où le clic droit a été réalisé — dit autrement « *je vois apparaître les seules actions que je peux réaliser sur l'objet, ou le lieu, sur lequel j'ai positionné mon pointeur de souris* ».

4.2.3.3 Méthode 3 : Par un ruban temporaire

Parfois, alors que nous sommes sur un nouvel objet (*souvent ajouté par le ruban Insertion*), un ou plusieurs nouveaux rubans ressortent. Ils sont nommés ainsi, car ils n'apparaissent que lorsque je suis sur un objet précis. Nous y retrouvons donc uniquement des actions liées à l'objet sur lequel nous sommes.

Il s'agit clairement d'un complément naturel au menu contextuel.

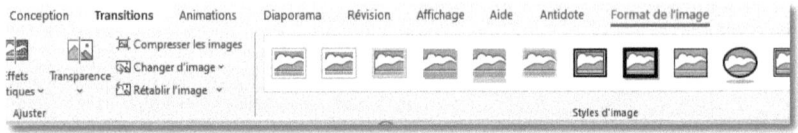

Ces rubans temporaires apparaissent systématiquement à la droite des rubans permanents, dans l'exemple ci-dessus, une image a été insérée et automatiquement le ruban « Format de l'image » est apparu.

4.2.3.4   Méthode 4 : Par un ruban permanent
Ils sont accessibles par leur onglet (*Leur nom*).

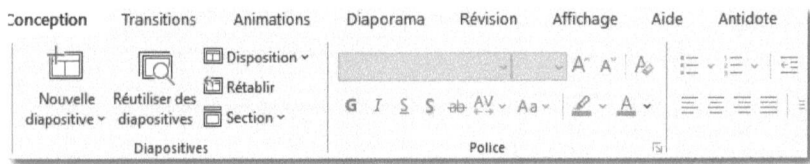

La plupart des rubans sont communs aux trois logiciels de bureautique et certains spécifiques **: Fichier – Accueil – insertion – Conception — Transitions – Animations – Diaporama – Révision – Affichage – Aide**
Chaque ruban à sa fonctionnalité propre.

Fichier : Accès aux actions pas directement liées au contenu du document, exemple : Imprimer.

Accueil : Le seul dont le nom n'est pas explicite, il aurait dû s'appeler « *Mise en forme* ».

Insertion : Il permet d'ajouter tout type d'objet sur le document : Image, Graphique, Tableau…

Conception : il permet de définir toute la charte graphique du document.

Transitions : Il s'agit du menu dans lequel nous pouvons choisir les ***transitions*** des ***diapositives***.

<u>Animations</u> : Il s'agit du menu dans lequel nous pouvons choisir les *animations* utilisables sur les objets d'une *diapositive*.

<u>Diaporama</u> : Il permet de créer ou modifier le ou les *diaporamas*.

<u>Révision</u> : Son rôle est la correction du document ; soit sous l'aspect orthographe, grammaire ; soit sous l'aspect collaboratif, chacun pouvant apporter des commentaires sur un document commun par des annotations.

<u>Affichage</u> : C'est par ce menu qu'il est possible de modifier l'affichage de l'environnement de l'application : zoomer, afficher différemment, ajouter ou supprimer des éléments visuels.

<u>Aide</u> : Comme son nom l'indique, il permet d'accéder à l'aide de l'application.

4.2.4 Options d'Actions

Chaque action choisie peut avoir une possibilité de demande d'option **avant** ou **après** ladite action, nous permettant d'aller plus loin ou d'être plus précis.

4.2.4.1 *Avant fin de l'action : Boîte de dialogue*

Elle apparaît après la demande d'une action, il s'agit d'une petite fenêtre dans laquelle il nous est requis de choisir parmi des options. Elle permet de préciser une action **a priori**. Il est possible de savoir par avance si une boîte de dialogue existe, simplement parce que le nom de l'opération voulue se termine par 3 petits points (…).

4.2.4.2 *Après l'action : Balise (Smartag)*

Cet outil est peu utilisé, mais fort pratique. La plus connue est très certainement la petite vague rouge qui apparaît lorsque nous faisons une faute d'orthographe. Elles permettent de modifier une action **a posteriori**.

Le plus souvent, ces balises ressortent sous la forme d'une icône, et un cliquant sur cette dernière, des options nous sont proposées.

<u>Exemple</u> : après un copier-coller, cette icône apparaît [(Ctrl) ▾]

En cliquant dessus, ce menu apparaît et vous laisse la possibilité de choisir un collage spécial.

4.3   INS201 : Créer un SmartArt

Cette instruction doit être réalisée pour chaque création d'un **SmartArt**.

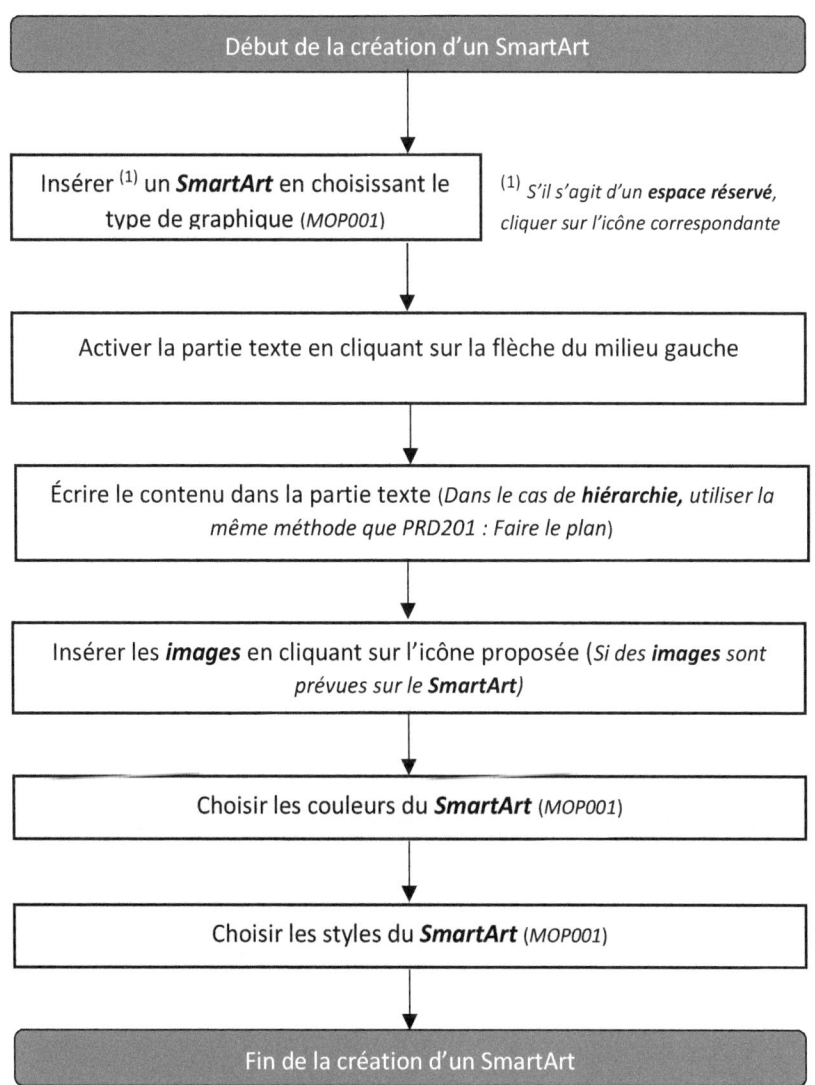

Début de la création d'un SmartArt

Insérer [1] un **SmartArt** en choisissant le type de graphique (*MOP001*)

[1] *S'il s'agit d'un espace réservé, cliquer sur l'icône correspondante*

Activer la partie texte en cliquant sur la flèche du milieu gauche

Écrire le contenu dans la partie texte (*Dans le cas de hiérarchie, utiliser la même méthode que PRD201 : Faire le plan*)

Insérer les **images** en cliquant sur l'icône proposée (*Si des images sont prévues sur le SmartArt*)

Choisir les couleurs du **SmartArt** (*MOP001*)

Choisir les styles du **SmartArt** (*MOP001*)

Fin de la création d'un SmartArt

4.4   INS202 : Utiliser les images

Cette instruction décrit l'ordre dans lequel utiliser et traiter les *images* dans une *présentation*.

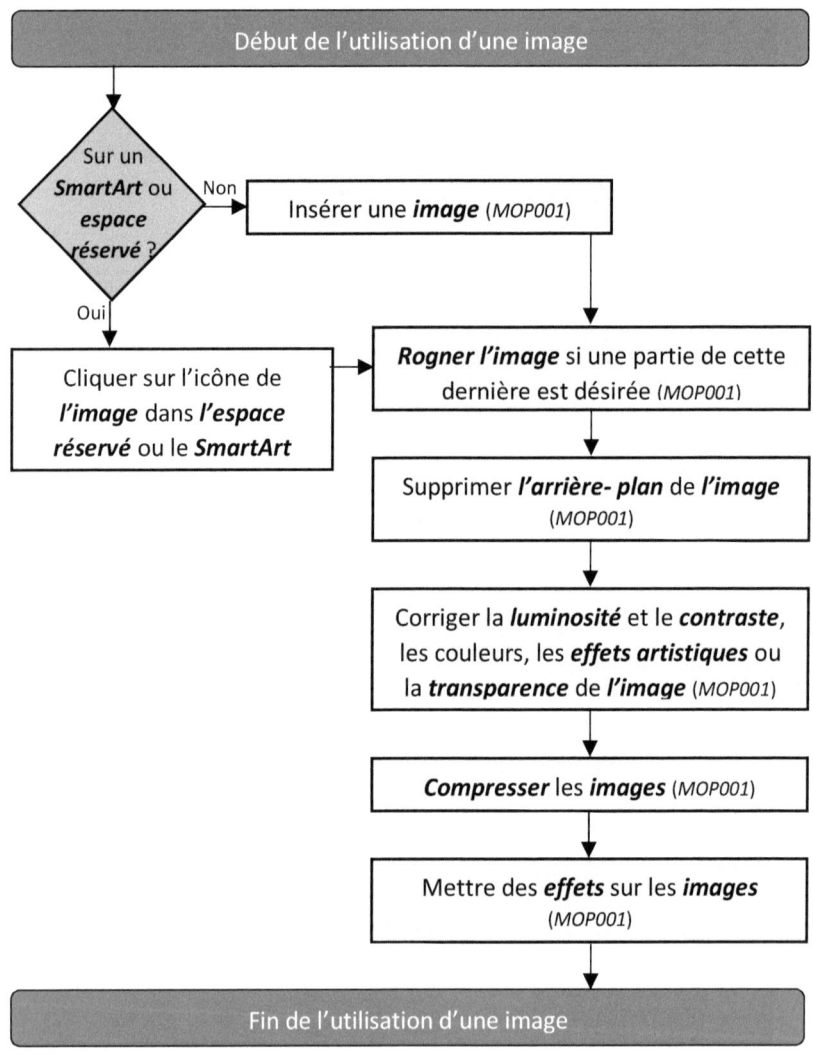

4.5 INS203 : Construction d'un tableau

Cette instruction décrit comment construire un **tableau** dans une **diapositive**.

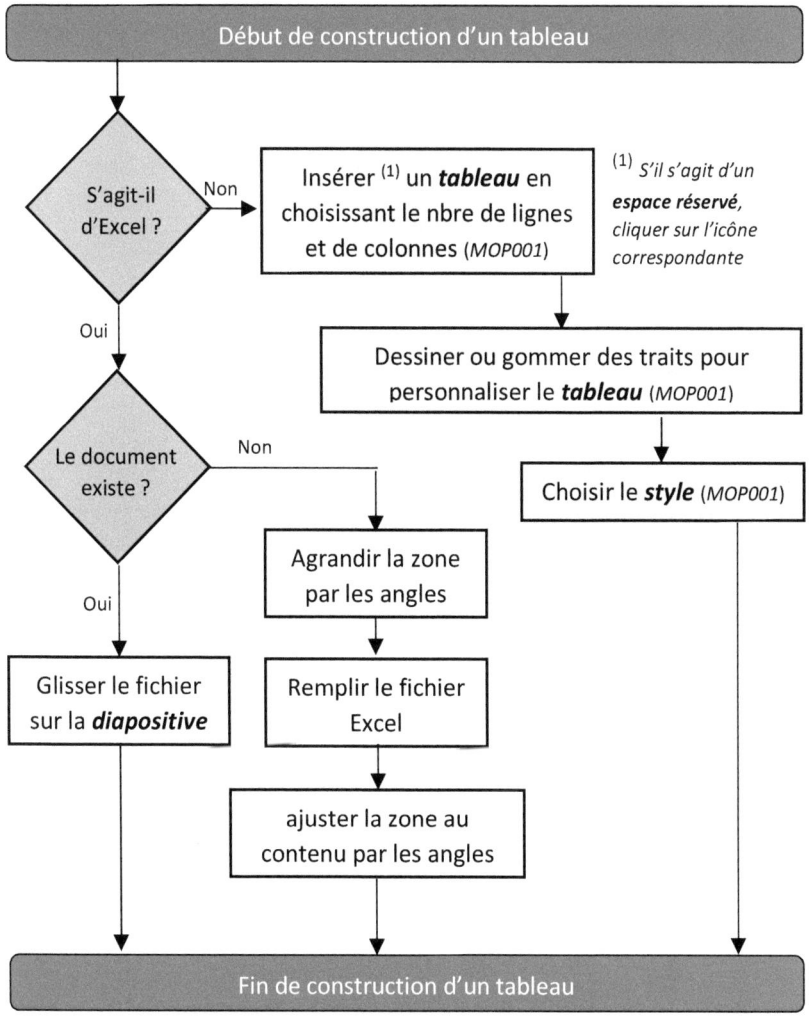

41

4.6   INS203 : Construction d'un graphique

Cette instruction décrit comment construire un **graphique** dans une **diapositive**.

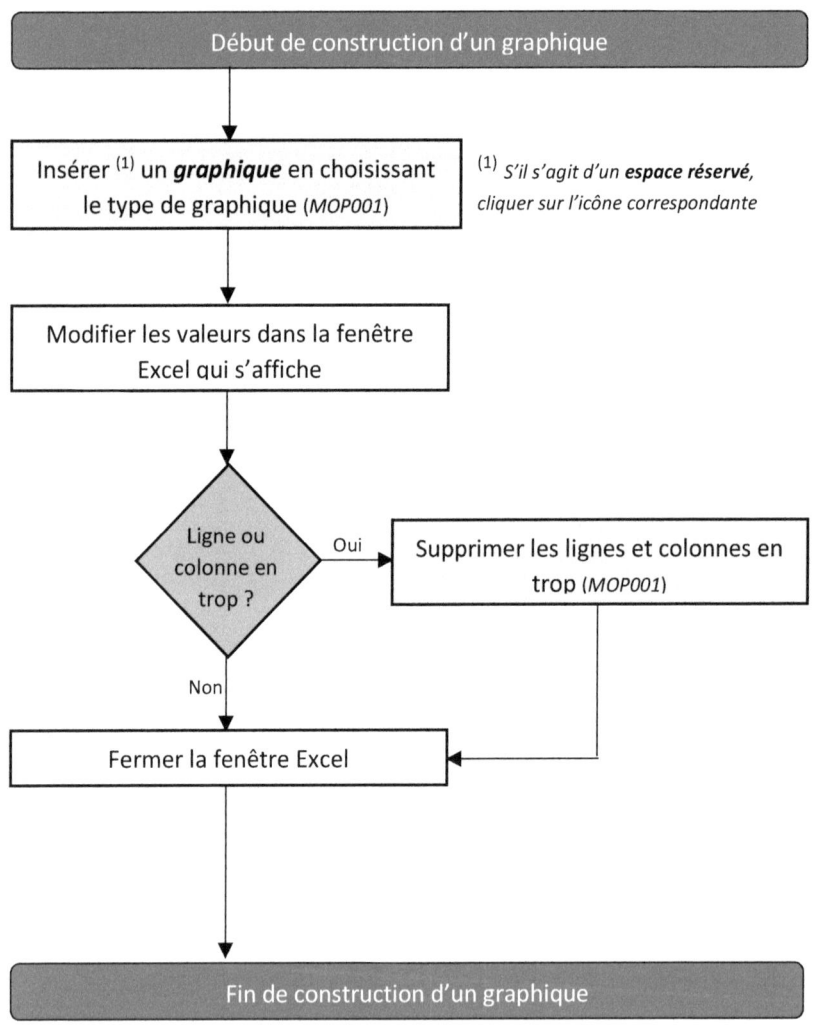

5   Manipulations

5.1 Création d'une présentation

Demande : création d'une présentation sur les cinq continents et deux ou trois pays par continent.

Procédure : PRD201 — Créer le plan
- ➢ Aller dans le ruban Affichage puis cliquer sur Mode Plan
- ➢ Écrire : Afrique (*sur la partie gauche*)
- ➢ Taper sur **Entrée**
- ➢ Écrire : Maroc
- ➢ Est-ce le bon niveau ? : Non
- ➢ Augmenter le niveau ? : Non
- ➢ Taper sur **Tabulation**
- ➢ Le plan est-il terminé ? : Non
- ➢ Taper sur **Entrée**
- ➢ Ecrire : Mali
- ➢ Est-ce le bon niveau ? : Oui
- ➢ Le plan est-il terminé ? : Non
- ➢ Taper sur **Entrée**
- ➢ Ecrire : Amérique
- ➢ Est-ce le bon niveau ? : Non
- ➢ Augmenter le niveau ? : Oui
- ➢ Taper sur **Shift** + **Tabulation**
- ➢ Le plan est-il terminé ? : Non
- ➢ Taper sur **Entrée**
- ➢ Ecrire : USA
- ➢ Est-ce le bon niveau ? : Non
- ➢ Augmenter le niveau : Non
- ➢ Taper sur **Tabulation**
- ➢ Le plan est-il terminé ? : Non
- ➢ Taper sur **Entrée**
- ➢ Ecrire : Mexique

- ➢ Est-ce le bon niveau ? : Oui
- ➢ Poursuivre le plan avec :
    - o Asie
        - ▪ Chine
        - ▪ Japon
    - o Europe
        - ▪ France
        - ▪ Espagne
        - ▪ Italie
    - o Océanie
        - ▪ Australie
        - ▪ Nouvelle-Zélande

Procédure : PRD202 — Choisir les dispositions
- ➢ **Pour l'Afrique** : Le drapeau de chaque pays avec leur nom au-dessus
- ➢ Est-ce une *diapositive* de titre ? : Non
- ➢ Au moins un *contenu* ? : Oui
- ➢ Un type de *contenu* convient-il ? : Oui
- ➢ Une *disposition* convient-elle ? : Oui
- ➢ Choisir la *disposition* correspondante (Mode opératoire : MOP001)
    - o (1) Consigne : Choisir la *disposition* **Comparaison** pour cette *diapositive*.
        - ▪ Lieu : Cette *diapositive*
        - ▪ Action : Choisir la *disposition* **Comparaison**
    - o (2) Sélectionner le lieu : Cette diapositive
        - ▪ Méthode 1 : Pointeur de souris
    - o (3) Faire l'action : Choisir la *disposition* **Comparaison**
        - ▪ Méthode 2 : Clic droit
            - • *Disposition*, puis **Comparaison**

➤ **Pour l'Amérique** : Un tableau avec la population et la superficie pour chaque pays

➤ Est-ce une *diapositive* de titre ? : Non

➤ Au moins un *contenu* ? : Oui

➤ Un type de *contenu* convient-il ? : Oui

➤ Une *disposition* convient-elle ? : Oui

➤ Choisir la *disposition* correspondante (Mode opératoire : MOP001)

    o <u>(1) Consigne</u> : Choisir la *disposition* **Titre et Contenu** pour cette *diapositive*.

        ▪ <u>Lieu</u> : Cette *diapositive*

        ▪ <u>Action</u> : Choisir la *disposition* **Titre et Contenu**

    o <u>(2) Sélectionner le lieu</u> : Cette diapositive

        ▪ <u>Méthode 1 :</u> Pointeur de souris

    o <u>(3) Faire l'action</u> : Choisir la *disposition* **Titre et Contenu**

        ▪ <u>Méthode 2 :</u> Clic droit

            • ***Disposition***, puis **Titre et Contenu**

➤ **Pour l'Asie** : Un graphique avec l'évolution du PIB des deux pays sur trois années

➤ Est-ce une *diapositive* de titre ? : Non

➤ Au moins un *contenu* ? : Oui

➤ Un type de *contenu* convient-il ? : Oui

➤ Une *disposition* convient-elle ? : Oui

➤ Choisir la *disposition* correspondante (Mode opératoire : MOP001)

    o <u>(1) Consigne</u> : Choisir la *disposition* **Titre et Contenu** pour cette *diapositive*.

        ▪ <u>Lieu</u> : Cette *diapositive*

- Action : Choisir la *disposition* **Titre et Contenu**
  - o (2) Sélectionner le lieu : Cette diapositive
    - Méthode 1 : Pointeur de souris
  - o (3) Faire l'action Choisir la *disposition* **Titre et Contenu**
    - Méthode 2 : Clic droit
      - *Disposition*, puis **Titre et Contenu**
- ➢ **Pour L'Europe** : Un SmartArt avec la liste des trois pays et images pour représenter chacun d'entre eux
- ➢ Est-ce une *diapositive* de titre ? : Non
- ➢ Au moins un *contenu* ? : Oui
- ➢ Un type de *contenu* convient-il ? : Oui
- ➢ Une *disposition* convient-elle ? : Oui
- ➢ Choisir la *disposition* correspondante (Mode opératoire : MOP001)
  - o (1) Consigne : Choisir la *disposition* **Titre et Contenu** pour cette *diapositive*.
    - Lieu : Cette *diapositive*
    - Action : Choisir la *disposition* **Titre et Contenu**
  - o (2) Sélectionner le lieu : Cette diapositive
    - Méthode 1 : Pointeur de souris
  - o (3) Faire l'action :Choisir la *disposition* **Titre et Contenu**
    - Méthode 2 : Clic droit
      - *Disposition*, puis **Titre et Contenu**
- ➢ **Pour l'Océanie** : Une description de chacun des pays avec le nom de chaque pays au-dessus de la description
- ➢ Est-ce une *diapositive* de titre ? : Non
- ➢ Au moins un *contenu* ? : Oui

- ➢ Un type de *contenu* convient-il ? : Oui
- ➢ Une *disposition* convient-elle ? : Oui
- ➢ Choisir la *disposition* correspondante (Mode opératoire : MOP001)
  - ○ (1) Consigne : Choisir la *disposition* **Comparaison** pour cette *diapositive*.
    - ▪ Lieu : Cette *diapositive*
    - ▪ Action : Choisir la *disposition* **Comparaison**
  - ○ (2) Sélectionner le lieu : Cette diapositive
    - ▪ Méthode 1 : Pointeur de souris
  - ○ (3) Faire l'action : Choisir la *disposition* **Comparaison**
    - ▪ Méthode 2 : Clic droit
      - • *Disposition*, puis **Comparaison**

5.2 Mise en place des contenus

Demande : Intégration des contenus de la présentation commencée en 5.1

Procédure : PRD203 — Remplir les contenus et les commentaires
- ➢ **Pour l'Afrique** : Le drapeau de chaque pays avec leur nom au-dessus
- ➢ Écrire les deux noms des pays au-dessus de chaque contenu
- ➢ Pour le drapeau du **Maroc** :
- ➢ S'agit-il d'un texte ? : Non
- ➢ S'agit-il d'un tableau ? : Non
- ➢ S'agit-il d'une image ? : Oui

Instruction : INS202 — Utiliser les images
- ➢ Sur un espace réservé ? : Oui
- ➢ Cliquer sur l'icône de *l'image* (*Image en ligne*)
  - o Chercher : Drapeau Maroc
- ➢ Pas de traitement à faire

Retour Procédure : PRD203
- ➢ Tous les contenus sont remplis ? : Non
- ➢ Pour le drapeau du **Mali** :
- ➢ S'agit-il d'un texte ? : Non
- ➢ S'agit-il d'un tableau ? : Non
- ➢ S'agit-il d'une image ? : Oui

Instruction : INS202 — Utiliser les images
- ➢ Sur un espace réservé ? : Oui
- ➢ Cliquer sur l'icône de *l'image* (*Image en ligne*)
  - o Chercher : Drapeau Mali
- ➢ Pas de traitement à faire

Retour Procédure : PRD203
- ➢ Tous les contenus sont remplis ? : Oui

Procédure : PRD203 — Remplir les contenus et les commentaires

- ➤ **Pour l'Amérique** : Un tableau avec la population et la superficie pour chaque pays
- ➤ S'agit-il d'un texte ? : Non
- ➤ S'agit-il d'un tableau ? : Oui

Instruction : INS203 — Construction d'un tableau

- ➤ S'agit-il d'Excel ? : Non
- ➤ Cliquer sur l'icône de *tableau* (*après avoir effacé le texte de l'espace réservé*)
  - o Choisir : 3 lignes et 3 colonnes
  - o Écrire en titre : Pays — Population – Superficie
  - o Écrire le nom des deux pays : USA et Mexique
  - o Écrire la population et la superficie de chacun des pays
- ➤ Pas de modification à faire

Retour Procédure : PRD203

- ➤ Tous les contenus sont remplis ? : Oui

Procédure : PRD203 — Remplir les contenus et les commentaires

- ➤ **Pour l'Asie** : Un graphique avec l'évolution du PIB des deux pays sur trois années
- ➤ S'agit-il d'un texte ? : Non
- ➤ S'agit-il d'un tableau ? : Non
- ➤ S'agit-il d'un graphique. : Oui

Instruction : INS204 — Construction d'un graphique

- ➤ Cliquer sur l'icône de *graphique* (*après avoir effacé le texte de l'espace réservé*)
  - o À la place de Catégorie : 2010 – 2011 – 2012
  - o À la place de Série : Chine — Japon
- ➤ Ligne ou colonne en trop ? : Oui
- ➤ Supprimer la Catégorie 4 (Mode opératoire : MOP001)
  - o (1) Consigne : Supprimer la Catégorie 4

- Lieu : Catégorie 4
  - Action : Supprimer
  - o (2) Sélectionner le lieu : Catégorie 4
    - Méthode 1 : Pointeur de souris
  - o (3) Faire l'action : Supprimer
    - Méthode 2 : Clic droit
      - Supprimer – Supprimer lignes de Tableau
- Fermer la fenêtre Excel

Retour Procédure : PRD203
- Tous les contenus sont remplis ? : Oui

Procédure : PRD203 — Remplir les contenus et les commentaires
- **Pour l'Europe** : Un *SmartArt* avec la liste des trois pays et image pour représenter chacun d'entre eux
- S'agit-il d'un texte ? : Non
- S'agit-il d'un tableau ? : Non
- S'agit-il d'un graphique : Non
- S'agit-il d'un SmartArt : Oui

Instruction : INS201 — Créer un SmartArt
- Cliquer sur l'icône de ***SmartArt*** (*après avoir effacé le texte de l'espace réservé)*
  - o Choisir le graphique : Liste verticale avec image
- Activer la partie texte en cliquant sur la flèche du milieu gauche
- Écrire le contenu
  - o France
  - o Italie
  - o Espagne
- Insérer les images en cliquant sur les icônes proposées
  - o Image en ligne et choisir un monument représentant chaque pays

➢ Pas de changement de couleur ou de *style*

Retour Procédure : PRD203

➢ Tous les contenus sont remplis ? : Oui

Procédure : PRD203 — Remplir les contenus et les commentaires

➢ **Pour l'Océanie** : Une description de chacun des pays avec le nom de chaque pays au-dessus de la description

➢ Écrire les deux noms des pays au-dessus de chaque contenu

➢ Pour l'**Australie** :

➢ S'agit-il d'un texte ? : Oui

➢ Écrire le texte (*Dans le cas de hiérarchie, utiliser la même méthode que PRD201 : Faire le plan*)

➢ Pour la **Nouvelle-Zélande** :

➢ S'agit-il d'un texte ? : Oui

➢ Écrire le texte (*Dans le cas de hiérarchie, utiliser la même méthode que PRD201 : Faire le plan*)

Retour Procédure : PRD203

➢ Tous les contenus sont remplis ? : Oui

5.3 Mise en place d'un thème

Demande : Mettre le *thème* **Brin** à la *présentation* poursuivie en 5.2

Procédure : PRD204 — Appliquer le thème
- ➢ Le *thème* existe parmi les *thèmes* ? : Oui
- ➢ Appliquer le *thème* (Mode opératoire : MOP001)
  - o (1) Consigne : Appliquer le *thème* **Brin** à la *présentation*
    - ▪ Lieu : La *présentation*
    - ▪ Action : Appliquer le *thème* **Brin**
  - o (2) Sélectionner le lieu : La *présentation*
    - ▪ Méthode 1 : Pointeur de souris (*nous sommes déjà dans la présentation*)
  - o (3) Faire l'action : Appliquer le *thème* **Brin**
    - ▪ Méthode 4 : Ruban Permanent
      - • **Conception**, puis le *thème* **Brin**

5.4   Création du diaporama avec des transitions

Préparation : Reprendre la présentation de 5.3

Demande : Mettre une *transition* discrète pour les 4 premières *diapositives* et une captivante pour la 5e

Procédure : PRD210 — Mettre les *transitions*
> ➢ Est-ce une *transition* discrète ? : Oui
> ➢ Choisir une *transition* parmi les discrètes (Mode opératoire : MOP001)
>> o (1) Consigne : Choisir la *transition* **Fondu** pour la première *diapositive*
>>> ▪ Lieu : La première *diapositive*
>>> ▪ Action : Choisir la *transition* **Fondu**
>> o (2) Sélectionner le lieu : La première *diapositive*
>>> ▪ Méthode 1 : Pointeur de souris
>> o (3) Faire l'action : Choisir la *transition* **Fondu**
>>> ▪ Méthode 4 : Ruban Permanent
>>>> • **Transition**, puis **Fondu**
> ➢ Modifier les options de la *transition* choisie (Mode opératoire : MOP001)
>> o (1) Consigne : Choisir l'option d'effet **Transition par le noir** pour la première *diapositive*
>>> ▪ Lieu : Cette *diapositive*
>>> ▪ Action : Choisir l'option d'effet **Transition par le noir**
>> o (2) Sélectionner le lieu : La première *diapositive*
>>> ▪ Méthode 1 : Pointeur de souris

- o (3) Faire l'action : Choisir l'option d'effet **Transition par le noir**
  - ▪ Méthode 4 : Ruban Permanent
    - • **Transition**
    - • **Options de l'effet**, puis **Transition par le noir**
- ➢ Modifier la durée de la *transition* choisie (Mode opératoire : MOP001)
  - o (1) Consigne : Modifier la durée de la *transition* de la première *diapositive* à 2 secondes
    - ▪ Lieu : La *diapositive*
    - ▪ Action : Modifier la durée de la *transition* à 2 secondes
  - o (2) Sélectionner le lieu : La première *diapositive*
    - ▪ Méthode 1 : Pointeur de souris
  - o (3) Faire l'action : Modifier la durée de la *transition* à 2 secondes
    - ▪ Méthode 4 : Ruban Permanent
      - • **Transition**
      - • **Durée**, puis mettre 2 secondes
- ➢ Est-ce une *transition* discrète ? : Oui
- ➢ Appliquer partout la *transition* choisie (Mode opératoire : MOP001)
  - o (1) Consigne : Appliquer la *transition* choisie pour toute la *présentation*
    - ▪ Lieu : La *présentation*
    - ▪ Action : Appliquer la *transition* partout
  - o (2) Sélectionner le lieu : La *présentation*
    - ▪ Méthode 1 : Pointeur de souris

- o <u>(3) Faire l'action :</u> Appliquer la *transition* partout
  - ▪ <u>Méthode 4</u> : Ruban Permanent
    - • **Transition**
    - • Cliquer sur **Appliquer partout**

Procédure : PRD210 — Mettre les *transitions*
- ➢ Est-ce une *transition* discrète ? : Non
- ➢ Choisir une *transition* captivante **Origami** (Mode opératoire : MOP001)
  - o <u>(1) Consigne</u> : Choisir la *transition* captivante **Origami** pour la 5e *diapositive*
    - ▪ <u>Lieu</u> : La 5e *diapositive*
    - ▪ <u>Action</u> : Choisir la *transition* captivante **Origami**
  - o <u>(2) Sélectionner le lieu</u> : La 5e *diapositive*
    - ▪ <u>Méthode 1 :</u> Pointeur de souris
  - o <u>(3) Faire l'action :</u> Choisir la *transition* captivante **Origami**
    - ▪ <u>Méthode 4</u> : Ruban Permanent
      - • **Transition**, puis **Origami**

6 Glossaire

Accentuation : Ce terme désigne à la fois les 6 couleurs du **thème** (charte graphique) et le type **d'animation** correspondant à la modification d'objet à animer.

Affichage : Il existe plusieurs affichages sur PowerPoint appelés Modes de présentation permettant de saisir ou de visualiser de différentes manières :

- **Normal** : Affichage classique
- **Mode Plan :** Affichage pour l'écriture du **plan** sur le volet de gauche
- **Trieuse de diapositives** : Affichage permettant de voir, de déplacer, de supprimer, de regrouper l'ensemble des **diapositives**
- **Page de notes** : Affichage permettant de voir les **notes** inscrites sous chaque **diapositive**
- **Mode Lecture** : Affichage permettant de visualiser le **diaporama**

Animations : il s'agit des animations attribuées aux objets dans chaque **diapositive**, dans le but d'orienter le regard des visionneurs sur une partie précise de la **diapositive**. Il existe 4 types d'animation :

- **Entrée** : Fait apparaître l'objet
- **Accentuation** : Modifie l'objet
- **Sortie** : Fait disparaître l'objet
- **Mouvement** : Fait déplacer l'objet sur la **diapositive**

Application : Il s'agit du logiciel qui permet d'ouvrir, de modifier un fichier. Word, Excel et PowerPoint sont des applications.

Arrière-plan : Nous devons distinguer deux types d'arrière-plans :

- **Image** : Fond **l'image** que nous pouvons supprimer
- **Masque de diapositive** : **image** ou forme insérée sur le fond d'un **masque** ou d'une **disposition**

Commentaires : Il s'agit des notes que nous mettons pour chaque *diapositive* (en dessous), afin d'avoir à disposition une sorte de pense-bête lorsque nous diffusons un *diaporama*. Ces notes n'apparaissent que sur l'écran du présentateur (en *mode présentateur*).

Compresser : Fonctionnalité permettant de réduire la taille des *images* sur une présentation, et par conséquent la taille de la *présentation*. La compression n'a pratiquement pas d'incidence sur la qualité des *images* dans la plupart des *présentations*.

Contenu : Ce terme désigne tous les objets permettant d'illustrer une diapositive : Texte, *Tableau*, *Image*, *SmartArt*, *Graphique*, Vidéo.

Contraste : Variation de l'ombre et de la lumière, dans une image.

Diaporama : Désigne l'ensemble des *diapositives* devant être diffusées.

Diapositive : Il s'agit de chacune des pages d'une *présentation* PowerPoint.

Diffusion : voir mode présentateur.

Disposition : Il s'agit des sous-masques liés au *masque de diapositive*. Ils sont constitués *d'espaces réservés*, ainsi suivant les illustrations à mettre dans la *diapositive*, une disposition doit exister permettant d'avoir les éléments correctement alignés sur la *diapositive*. La disposition permet également la récupération de tous les attributs du *thème* appliqué. Par défaut, 9 sont déjà créées, il s'agit des dispositions : *Diapositive de titre, Titre et contenu, Titre de section, Deux contenus, Comparaison, Titre seul, Vide, Contenu avec légende et Image avec légende.*

Dossier : Connu également sous le nom de répertoire, il s'agit du lieu où sont enregistrés les fichiers ou les applications.

Effet artistique : Il s'agit d'effet visuel, de trucage que nous pouvons attribuer à une *image*, exemples : *Crayon, Coup de pinceau, Aquarelle, Ciment, etc.*

Effet d'image : il s'agit des effets d'ombre, de réflexion, de lumière de bord estompé, de biseau ou de rotation 3D.

Espace réservé : Ce terme désigne les emplacements prévus dans les *dispositions* afin de venir y insérer soit du Texte, un *Tableau*, une *Image*, un *SmartArt*, un *Graphique* ou une vidéo.

Extension : Il s'agit des 3 ou 4 lettres situées à la fin du nom d'un fichier, précédées d'un point (.). Pour les documents PowerPoint il en existe plusieurs dont les principales sont : .pptx ou .ppsx ; pour Excel : .xlsx et xlsm ; pour Word : .doc et .docx
Le rôle de l'extension est de permettre à Windows de savoir quelle application il doit utiliser pour ouvrir ledit fichier.

Fichier : Il s'agit du document qu'une application permet d'ouvrir, de modifier. S'agissant de PowerPoint, le fichier se nomme une *Présentation* ; Excel, un Classeur ; Word, un Document.

Format : Couleur, taille, police...

Forme : Désigne les traits, triangles, rectangles et autres, utilisable dans une *présentation*.

Graphique : Cet outil permet de faire apparaître sous forme imagée des données, afin d'avoir une analyse plus rapide et plus simple.

Hiérarchie : Ce terme désigne les niveaux des titres (*Principal : Titre 1, Secondaire : Titre2, etc.*)

Image : Il existe plusieurs manières de récupérer une image :

- **Insérer une image**
  - o Située sur le PC ou le réseau
  - o En ligne : par mots clés, directement sur Internet (*L'avantage est que nous pouvons savoir si l'image est libre de droits*)
- **Capturer une image**
  - o Par l'outil de capture situé dans le ruban **Insertion**

Luminosité : Intensité de la lumière de l'image.

Masque de diapositive : Il s'agit de l'affichage permettant de voir, modifier le (les) masque(s) supérieur(s) qui stocke (nt) des informations sur le thème et les mises en page des diapositives d'une *présentation*, y compris *l'arrière-plan*, la couleur, les polices, les effets, la taille des *espaces réservés* et le positionnement. Sous chacun des masques supérieurs (de taille plus grande) se trouve l'ensemble des *dispositions* liées à ce même masque.

Masque de document : il s'agit de l'affichage permettant de voir la page qui contient la mise en page du masque et les propriétés des documents.

Masque des pages de notes : Il s'agit de l'affichage permettant de voir ou modifier la trame de fond qui sert à la mise en page pour l'impression des pages de *notes* (voir *commentaire*) d'une *présentation* (une *diapositive* et ses *notes* sur une seule page).

Mise en page : Opération permettant de définir *l'orientation*, la taille et la marge des pages. Elle succède au travail de composition du contenu et précède souvent le travail d'impression.

Mode présentateur : Il permet d'avoir un affichage différent entre notre ordinateur et ce qui est présenté au public. Sur notre propre écran, nous voyons la *diapositive* actuelle, la suivante, tous nos commentaires, ainsi que le timing de notre *présentation*. Quelques outils complémentaires sont à disposition, comme un pointeur laser, la possibilité de dessiner sur la *diapositive* ou bien encore un zoom. De son côté ,le public ne voit que la *diapositive* en cours de diffusion.

Niveau : Autrement appelé hiérarchie, il s'agit du niveau des titres d'un document (Titre principal, titre secondaire, etc.).

Note : Voir commentaires.

Numérotation : Chiffre ou lettre présents en début de titre.

Orientation : Lors de la *mise en page*, il s'agit du sens de la page (Portrait ou paysage).

Paragraphe : Groupement de lignes dans un document. Un nouveau paragraphe se crée dès lors que nous tapons sur la touche **Entrée**.

Pied de page : Il s'agit du texte qui apparaît en bas de chacune des pages du document. Attention de bien le mettre uniquement dans le masque (*pas d'appliquer partout*).

Plan : Ensemble des titres des *diapositives* de la *présentation*, accessible par **Affichage/Mode Plan.**

Police : Désigne le type de topologie de caractère, exemple : *Calibri* ou *Times New Roman*.

Présentation : Nom donné au document PowerPoint.

Puce : Petite illustration se trouvant devant une ligne, dans liste (exemple : un point, un tiret, etc.).

Rogner : Fonctionnalité permettant de découper une partie d'une *image*.

SmartArt : Représentation visuelle de vos informations et idées. Certaines dispositions (comme les organigrammes et les diagrammes de Venn) illustrent certains types d'informations, tandis que d'autres améliorent simplement l'apparence d'une liste à puces.

Style : Ensemble de caractéristiques de mise en forme (police, taille de police, couleur, etc.) que vous pouvez appliquer à une *présentation* afin de modifier rapidement leur aspect.

Tableau : Un tableau est constitué de lignes et de colonnes contenant des cellules que nous pouvons remplir de texte et de graphismes.

Tabulation : Cette touche permet de descendre d'un *niveau hiérarchique*. En la couplant avec la touche **Shift**, nous remontons d'un *niveau hiérarchique*.

Thème : Il permet de définir les différentes couleurs, polices et effets d'objet dans un fichier Office (aussi bien Excel, Word que PowerPoint).

Transition : Il s'agit d'effets de type animation qui se produisent lorsque nous passons d'une *diapositive* à l'autre pendant une *présentation*. Elles permettent de donner vie à la présentation. Il existe deux grandes familles de transition :

- **Discrète :** À utiliser pour toutes les *diapositives* (*Ce doit être la même partout*)
- **Captivant** et **contenu dynamique** : À utiliser pour mettre en exergue une *diapositive* particulière (*Son utilisation doit être ponctuelle*)

Transparence : Cette fonctionnalité permet de mettre de la transparence à une *image*, afin qu'elle apparaisse en filigrane.

Type : Il s'agit des formats auxquels il est possible d'enregistrer une *présentation* PowerPoint (*voir exporter dans le ruban* **Fichier**), les plus connus étant ppsx (*Diaporama*), PDF ou Vidéo.

Variant : Ce terme désigne les variations de couleurs, de police, d'effets d'objet ou ***d'arrière-plan*** pour un même ***thème***.

Zone de texte : Il s'agit d'une zone dans laquelle écrire du texte. Toutes les ***formes*** proposées dans Office sont potentiellement des zones de texte.

7 Annexes

7.1 Préparation en amont : Cartes mentales

Ce terme de carte mentale est directement traduit de l'anglais *Mind Mapping*. D'autres termes comme carte heuristique, carte d'idées, carte cognitive sont parfois employés.

La carte mentale permet d'organiser un contenu d'information non plus de façon linéaire, mais sous la forme d'un schéma constitué d'un noyau central (*le thème principal*) d'où partent de multiples prolongements correspondant à d'autres niveaux d'informations associées à ce thème central.

Nous devons cette méthode à un psychologue britannique, **Tony Buzan**, qui dans les années 70 cherchait à mobiliser toutes les fonctions du cerveau et donne la possibilité de libérer et développer des capacités d'association, de visualisation, de compréhension, de synthèse et de mémorisation.

Les cartes mentales sont un très bon outil pour la préparation d'une ***présentation*** PowerPoint, il permet de manière rapide et efficace la conception d'un ***plan*** ; point de démarrage de toute création de ***présentation***.

7.2 Les règles

Voici les principales règles à respecter lors de la création d'une **présentation** :

- Une idée par **diapositive**
- Éviter d'écrire trop de texte : Les **notes** sont là pour cela
- Privilégier les **images**
- Les **SmartArt** sont une excellente alternative pour les illustrations
- Si un **tableau** a trop de données, privilégier les **graphiques**
- Ne mettre de **l'animation** que si cela sert le **contenu** : garder en mémoire que le rôle de **l'animation** est d'orienter l'œil du visionneur à un endroit précis de la **diapositive**

7.3 Les couches

Voici un rappel sous forme de schéma des différentes couches pour la création d'une présentation, une fois que le **plan** a été écrit.

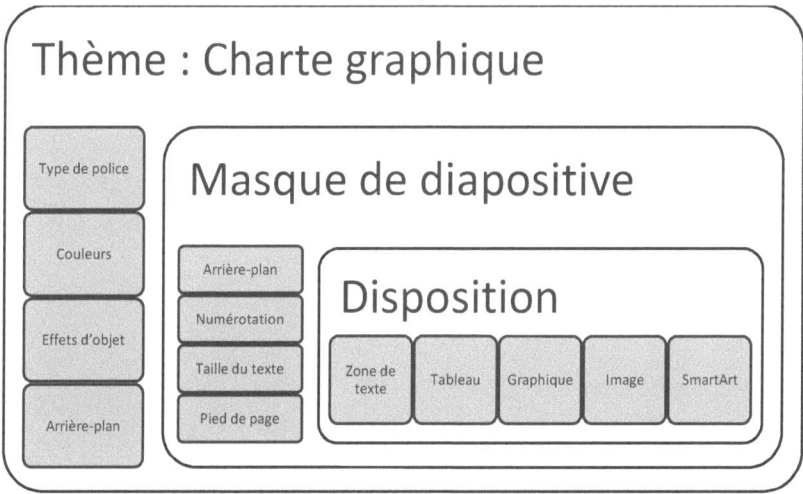

Table des matières

1 Avant-propos 6

2 Utilisation du livre (Processus) 9

   2.1   Introduction.. 11

   2.2   Le Processus PowerPoint 12

3 Les Procédures 15

   3.1   Introduction.. 17

   3.2   PRD201 : Faire le plan.................................. 18

   3.3   PRD202 : Choisir la disposition 19

   3.4   PRD203 : Remplir les contenus et les commentaires........ 20

   3.5   PRD204 : Appliquer le thème 21

   3.6   PRD211 : Créer des animations 23

   3.7   PRD213 : Diffuser, exporter ou imprimer 25

   3.8   PRD220 : Création d'un thème 26

   3.9   PRD221 : Création d'un masque et ses dispositions 27

4 Le mode opératoire et les Instructions.............................29

   4.1   Introduction.. 31

   4.2   Mode opératoire (MOP001) 32

      4.2.1   La consigne 33

      4.2.2   Sélectionner le Lieu 33

      4.2.3   Faire l'Action... 35

      4.2.4   Options d'Actions 37

   4.3   INS201 : Créer un SmartArt 39

   4.4   INS202 : Utiliser les images.......................... 40

4.5   INS203 : Construction d'un tableau 41

4.6   INS203 : Construction d'un graphique 42

5   Manipulations 43

5.1   Création d'une présentation 45

5.2   Mise en place des contenus 50

5.3   Mise en place d'un thème 54

5.4   Création du diaporama avec des transitions 55

6   Glossaire 59

7   Annexes 69

7.1   Préparation en amont : Cartes mentales 71

7.2   Les règles 72

7.3   Les couches 73